www.ingramcontent.com/pod-product-compliance
Lightning Source LLC
Chambersburg PA
CBHW021455210526
45463CB00002B/783
* 9 7 8 1 6 9 4 0 2 1 7 0 0 *